AF523505

Thomas Rosenlöcher

Liebst Du mich ich liebe Dich

Geschichten zum Vorlesen

Insel Verlag

Insel-Bücherei Nr. 1236
Sonderausgabe 2017

Als ich diese Geschichten
meinen Enkeln und Urenkeln
zu erzählen begann,
dachte ich, da hast du dir
einen ganz schönen Unsinn ausgedacht.
Doch während ich immer weiter erzählte,
bemerkte ich, daß ich das meiste davon
persönlich durchgemacht hatte.

Wo haben Sie das Kind her?

Der Mann, der noch an den Klapperstorch glaubte

Es war einmal ein Mann, der mochte die Kinder so sehr, daß er gern selbst ein Kind gehabt hätte.

»Vielleicht bekomme ich eins«, dachte er und wartete, aber er bekam keins. Alle Welt hatte die erstaunlichsten Kinder und fuhr mit ihnen im Kinderwagen umher. Nur er wollte und wollte sich nicht vermehren.

»Wo haben Sie das Kind her?« fragte er die Mütter. »Von meinem Mann«, sagten die Mütter.

»Wo haben Sie das Kind her?« fragte er die Väter. »Von meiner Frau«, sagten die Väter.

»Und wo kommst Du her?« fragte er einen Jungen. »Von zu Hause«, sagte der Junge.

»Unbegreiflich«, dachte der Mann. Denn woher bekamen die Männer das Kind, bevor sie es den Müttern gaben? Und woher bekamen die Frauen das Kind, bevor sie es den Vätern gaben?

»Vom Klapperstorch«, sagten die Mütter und lachten.

»Vom Klapperstorch«, sagten die Väter und lachten.

»Und wo kamst Du her, bevor Du von zu Hause kamst?« fragte der Mann den Jungen. »Vielleicht gar direkt aus der Luft?«

»Sie glauben wohl noch an den Klapperstorch«, fragte der Junge.

»Was bleibt mir anderes übrig«, sagte der Mann. Dann ging er nach Hause und legte ein Stück Zucker aufs Fensterbrett.

»Was machen Sie denn da?« erkundigte sich die Frau im Fenster gegenüber.

»Ich füttere die Vögel«, sagte der Mann.

»Was für Vögel?« rief die Frau.

»Mal sehn, wer vorbeikommt«, murmelte der Mann und beeilte sich, das Fenster zu schließen.

Allerdings lag das Stück Zucker am nächsten Tag noch unberührt auf dem Fensterbrett. Vermutlich gab sich ein heutiger Storch mit einem Stück Zucker gar nicht erst ab. Ein zweites Stück mußte man schon noch hinzulegen.

»Fressen Vögel denn Zucker?« fragte die Frau im Fenster gegenüber.

»Störche ja«, sagte der Mann, aber die Frau lachte mit ihrer dröhnenden Stimme, so daß sich der Mann hinter den Gardinen verstecken mußte.

Auch am nächsten Tag lag der Zucker noch unberührt auf dem Fensterbrett. Dieses Mal aber wartete der Mann, bis die Frau im Fenster gegenüber einmal nicht im Fenster gegenüber war. Dann ergänzte er die Ration des Storches um ein weiteres Stück und dachte: »Nun wird er wohl anbeißen.«

»Der Klapperstorch soll Ihnen wohl ein Kind bringen, was?« rief die Frau im Fenster gegenüber.

»Nur ein kleines«, sagte der Mann, aber die Frau lachte mit ihrer bellenden Stimme, so daß sich der Mann bis in die hinterste Zimmerecke zurückziehen mußte.

Von da an ging er nie mehr ans Fenster.

»Ich glaube nicht mehr an den Klapperstorch«, sagte er. »Klapperstörche sind ausgestorben. Ein Glück, daß ich keine Kinder mag.«

Tatsächlich bog der Mann, wenn ein Kinderwagen kam, immer in eine andere Straße ab. Auf diese Weise stieß er auf die Frau von gegenüber.

»Na?« rief sie. »Hat Ihnen der Storch ein Kind gebracht?«

»Nein«, sagte der Mann.

»Mir auch nicht«, rief die Frau.

»Na dann, auf Wiedersehen«, sagte der Mann, aber die Frau hielt ihn fest.

»Sie Dummkopf«, murmelte sie und küßte den

Mann auf den Mund. Der Kuß ging ihm durch und durch, so daß er sich fragte, ob er jetzt ein Kind bekäme.

»Das war erst der Anfang«, schrie die Frau. Dann nahm sie den Mann und schleppte ihn in ihre Wohnung. Die Wohnung war für eine solche Frau ziemlich klein.

»Für uns reicht sie«, knurrte die Frau und küßte den Mann schon wieder auf den Mund.

Dann mußte der Mann ins Bett.

»Ich bin aber gar nicht müde«, sagte er.

»Ich auch nicht«, brüllte die Frau.

Trotzdem ging sie mit ins Bett. Sie nahm ihm alles weg, was er anhatte, aber seine Socken gab er ihr freiwillig.

»Warum brüllen Sie so?« fragte er die Frau.

»Brülle ich?« brüllte die Frau. Dann drückte sie den Mann so fest an sich, daß er merkte, daß sie noch viel dicker war, als er gedacht hatte.

Dennoch war es schön, eine so dicke Frau von oben bis unten zu spüren und ihren unheimlichen Geruch zu riechen. Und als der Mann wieder auftauchte, brüllte sie gar nicht mehr, sondern war ganz still und sanft geworden.

»Du bist aber lieb«, sagte sie und streichelte den Mann.

»Kriege ich jetzt ein Kind?« fragte der Mann.

»Mal sehn«, sagte die Frau.

»Schon wieder warten«, dachte der Mann und wartete, aber wie immer geschah nichts.

Nur, daß die Frau immer dicker wurde.

»Wo soll das noch hinführen«, rief der Mann, aber da wurde sie noch dicker.

Nun bekam er es mit der Angst zu tun. »Sie wird platzen«, dachte er. »Dann bin ich wieder ganz allein auf der Welt.«

Eines Tages war es soweit. Aus ihrem riesigen Leib brachte die Frau ein winziges Kind hervor. Es war ein außerordentliches Kind.

»Hier«, sagte sie. »Das schenke ich Dir.«

»Danke«, sagte der Mann.

»Keine Ursache«, sagte die Frau. »Du hast es mir zuerst geschenkt.«

»Aha«, sagte der Mann. Aber unbegreiflich war ihm die Sache noch immer.

Die Frau, die auch nicht wußte, woher die Kinder kamen

Es war einmal eine Frau, die wußte auch nicht, woher die Kinder kamen. Allerdings hatte sie ein Buch, in dem alles von vorn bis hinten beschrieben war. Das Buch behauptete, daß die Kinder von der Frau kämen. »Wieso gerade von mir?« rief die Frau.

»Das ist ein anderes Kapitel«, sagte das Buch.

Im anderen Kapitel war die Frau von innen dargestellt, obwohl sie gerade von innen besonders ungünstig aussah. In ihrem Inneren aber lag ein Kind. Es war klein und verschrumpelt und schlief noch, konnte jedoch schon Daumenlutschen. »Heißt Du etwa Robert?« fragte die Frau, und momentlang schien es ihr, als hätte er Mama gesagt.

Wie aber kam dieser Robert wieder aus ihr heraus?

»Das ist ein schwieriges Kapitel«, sagte das Buch.

Im schwierigen Kapitel redete das Buch nur noch unverständlich. Einigermaßen verstand die Frau allerdings auch so, was es sagte.

»Was sage ich denn?« fragte das Buch, das sich gern wieder einmal selber verstanden hätte.

Die Frau seufzte. »Es wird eine schwere Geburt.«

»Nur Mut«, sagte das Buch. Die Frau aber nahm ihre Geige und spielte das Konzert für Violine allein. Oder sie las die gesammelten Werke eines unbekannten Dichters, der Friedrich von Schiller hieß.

Manchmal legte sie sich auch die Hände auf den Bauch. Und dachte an diesen Robert, der da im Dunklen schlief. War sein Geburtstag nicht bald herangerückt?

»Im Zweifelsfall immer den Arzt aufsuchen«, hieß es von Seiten des Buchs.

»Was fehlt Ihnen?« fragte der Arzt.

»Robert«, sagte die Frau. Der Arzt nickte, er war schwierige Fälle gewohnt. »Und wo ist dieser Robert?«

»In meinem Bauch«, sagte die Frau.

»Ach so«, sagte der Arzt und untersuchte sie gründlich. »Tut mir leid«, sagte er schließlich. »Von Robert keine Spur. Da werden Sie und Ihr Mann sich wohl noch gedulden müssen.«

»Welcher Mann?« fragte die Frau.

»Das müssen Sie doch wissen.«

»Spielt der Mann denn auch eine Rolle?«

»Doch, doch«, sagte der Arzt. »Leider meist immer noch.«

»Und?« rief das Buch schon von weitem: »Was hat der Doktor gesagt?«

»Ohne Mann kein Robert.«

»Richtig«, sagte das Buch. »Das ist das schwierigste Kapitel.«

Im schwierigsten Kapitel redete das Buch noch unverständlicher. Einigermaßen verstand die Frau allerdings auch so, was es sagte.

»Was sage ich denn?« fragte das Buch, das sich gern wieder einmal selber verstanden hätte.

Die Frau seufzte. »Er wird mir sehr nahe kommen.«

»Nur Mut«, sagte das Buch.

»Tut das weh?« fragte die Frau.

»Nur ein bißchen«, sagte das Buch.

»Wo?« fragte die Frau.

Das Buch verstummte. Vermutlich schämte es sich. Die Herstellung des Menschen geschah nicht umsonst insgeheim.

»Siehe unten«, sagte es schließlich. Die Frau aber nahm ihre Geige und spielte das Konzert für Violine allein. Oder sie las die gesammelten Werke eines unbekannten Dichters, der Friedrich von Schiller hieß.

In dem Buch hingegen las sie nie mehr. Freilich verstand sie auch so, was es sagte.

»Was sage ich denn?« fragte das Buch, das gern wieder einmal zu Wort gekommen wäre.

»Was alle sagen.«

»Und was sagen alle?«

»Daß ich keinen Mann habe.«

Das Buch nickte. »Ein trauriges Kapitel.«

»Halt den Rand«, sagte die Frau. Woher auch einen Mann nehmen, der Roberts Vater ähnlich sah? Denn wenn sich schon mal einer fand, so hatte er gewiß bereits eine Frau bei der Hand: »Heißt Ihr Kind etwa Robert?«

»Wie kommen Sie denn darauf? Unser Kind heißt Fritz.«

»Schönen Gruß an die Familie.«

So verging die Zeit mit Geigenspiel und Schillerlektüre. Um so größer die Verblüffung, als Roberts Vater eines Tages neben ihr in der Straßenbahn saß.

»Kennen wir uns?« fragte die Frau.

»Eher nicht«, sagte er. »Ich kenne kaum eine Frau. Allerdings hätte ich Sie ganz gern kennengelernt.«

»Da sind Sie aber auch der erste.«

»Das besagt nichts«, sagte der Mann. »Schiller liest auch keiner mehr.«

»Doch, ich«, sagte die Frau. »Und außerdem spiele ich Geige. Allerdings bevorzuge ich das Konzert für Violine allein.«

»Das Konzert für zwei Violinen ist aber auch nicht von Pappe«, behauptete der Mann, doch da kam die Haltestelle. »Aufwiedersehen«, sagte sie und reichte ihm die Hand. »Aufwiedersehen«, sagte er, ging aber trotzdem mit. »Das liegt daran, daß Sie vergessen haben, meine Hand loszulassen«, erläuterte er.

So kam, was kommen mußte: Sie spielten miteinander das Konzert für zwei Violinen, sie lasen sich gegenseitig aus den gesammelten Werken eines unbekannten Dichters vor, der Friedrich von Schiller hieß.

»Und jetzt?« fragte die Frau.

Da gestand ihr der Mann, daß auch er zu den Männern gehörte, die nicht genau wußten, woher die Kinder kamen.

»Das weiß keiner genau«, entgegnete die Frau. Trotzdem war sie bereits mit seinem obersten Hemdknopf beschäftigt. Auch er beschäftigte sich mit ihren Schnüren und Bändern.

So standen sie plötzlich nackt voreinander.

»Wolfgang!« sagte die Frau.

»Beate!« sagte der Mann.

Und beide schämten sich derart, daß sich eins beim anderen vor dem anderen verbarg. Und sie einander nahe kamen, so nah, wie es im Buche stand.

»Das machen wir jetzt öfter«, sagte die Frau. Der Mann sagte gar nichts, weil er noch außer Atem war.

»Roberta«, keuchte er schließlich.

»Wie bitte?« fragte die Frau.

»Das Kind soll Roberta heißen.«

»Ich hatte an Robert gedacht.«

»Wir werden ja sehen«, erwiderte der Mann. Und legte sich die Hand auf den Bauch und wartete auf Roberta, die da im Dunklen schlief.

Die Frau aber nahm eines Tages kurzerhand seine Hand und legte sie auf ihren Bauch, in dem tatsächlich jemand seine Mutter boxte.

»Roberta?« fragte der Mann.

»Nein, Robert«, sagte die Frau.

»Spiele ich hier überhaupt noch irgendeine Rolle?«

»Doch, doch«, sagte das Buch. »Aber das ist das letzte Kapitel.«

Im letzten Kapitel war der Mann von außen dargestellt, obwohl er gerade von außen besonders ungünstig aussah. Er saß auf einem Hocker und strickte einen Strampelanzug, und gleich noch einen weiteren, damit die Zeit verging.

»Es geht los«, sagte die Frau.

»Weiß Roberta überhaupt, wie sie aus Dir herauskommen soll«, fragte der Mann und war froh, das Kind nicht selbst gebären zu müssen.

»Du darfst aber mitkommen.«

»Muß das sein, Beate?«

Der Arzt stand schon vor der Tür. »Das hat aber gedauert«, sagte er. »Sind Sie der Vater?«

»Vermutlich«, sagte er. »Aber das Kind bekommt die Frau da.«

»Selbstverständlich«, sagte der Arzt, und die Geburt begann. Es war eine schwere Geburt. Der Mann schlug derart um sich, daß noch mehrere Hebammen hinzugeholt werden mußten. Doch als der Kopf des Kindes aus der Frau herausschaute, wurde er ganz still.

»Roberta«, sagte er.

»Nein, Robert«, sagte die Frau.

»Wie du meinst«, sagte Roberts Vater. »Hauptsache, wir sind gesund.«

Hernach schaute noch ein zweites Köpfchen aus der Frau. »Roberta«, sagte die Frau. Und selbst die Hebammen weinten, weil alles gut gegangen war.

Ich verliere alle Frauen

Der Mann, der nicht mehr liederlich sein wollte

Einem Mann fehlte eines Tages seine Frau. »Nanu«, dachte der Mann, »wo habe ich meine Frau bloß hingetan?«

Er wartete drei Tage lang, aber am dritten Tag fehlte sie noch immer.

Da begriff er, daß er sie verloren hatte.

»Das habe ich nun von meiner Liederlichkeit«, dachte er. »Ich verliere alle Frauen. Es wird Zeit, daß ich ordentlich werde.«

»Ordnung fängt mit dem Platz an, den alles haben muß«, hatte seine Frau gesagt, bevor sie verschwunden war.

»Aha«, dachte der Mann und sah sich um.

Allerdings war sowohl der Platz, den alles hatte, als auch alles, das seinen Platz hatte, nur ungenügend vorhanden.

»Meine Brille fehlt«, dachte der Mann und machte sich auf die Suche. Er schaute unter Tisch und Schrank und zuletzt sogar aus dem Fenster.

Dabei sah er immer wieder nur, daß er kaum etwas sah.

Endlich fand er die Brille im Kohlenkasten.

»Das hätte ich mir gleich denken müssen«, dachte der Mann.

Obwohl sich die Brille im Kohlenkasten deutlich verfinstert hatte, sah er nun schon durch. Da er keine Hosen anhatte, war er gespannt, wo seine Hosen ihren Platz haben mochten. Auf keinen Fall im Kohlenkasten, denn der gehörte der Brille. Eher schon in der Wäschetruhe, aber da lagen die Kohlen.

»In Ordnung«, dachte der Mann, denn irgendwo mußten ja die Kohlen ihren Platz haben.

Schließlich fand er die Hosen im Brotschrank.

»Das muß ich mir merken«, dachte der Mann. Es war erstaunlich, wie die Ordnung um sich griff. Eine kleine Pause konnte er sich nun schon gönnen und womöglich gar einen Bissen essen.

Damit stand er vor der Frage, wo das Brot seinen Platz hatte. Auf keinen Fall im Brotkasten, denn das war der Hosenplatz, während der Kohlenkasten der Brillenplatz und die Wäschetruhe der Kohlenplatz war.

Die Ordnung hatte eben auch ihre Nachteile. Je mehr sie anwuchs, desto weniger konnte noch gefunden werden.

Nachdenklich schaute der Mann aus dem Fenster.

Dann suchte er noch einmal von vorn.

»Dies ist der Brillenkasten«, sagte er und schaute in den Kohlenkasten. »Dies ist der Kohlenkasten«, sagte er und schaute in die Wäschetruhe. »Dies ist die Wäschetruhe«, sagte er und schaute in den Brotschrank. Im Brotschrank lag das Brot.

»Was für eine Liederlichkeit!« rief der Mann. Der Appetit war ihm vergangen. Unmöglich konnte der Hosenplatz gleichzeitig der Brotplatz sein, aber welcher Platz blieb für das Brot noch übrig?

Kopfschüttelnd steckte der Mann das Brot in das Bett. Dann wiederholte er alles, was er heute gelernt hatte; legte die Hosen in den Brotschrank, die Brille in den Kohlenkasten und sich selber ins Bett.

Allerdings war das Bett schon besetzt. Entsetzt fuhr der Mann empor. »Wie kann man sich in den Brotschrank legen«, rief er und stellte sich in den Kleiderschrank. Nachdem er sich eine gute Nacht gewünscht hatte, schlief er ein.

Am nächsten Morgen schaute der Mann erneut aus dem Fenster. »Suchen Sie was?« fragten die Leute, die am Fenster vorüberkamen.

»Ja«, sagte der Mann. »Ich habe doch meine Frau verloren. Aber nun suche ich mir eine neue.«

Neue Frauen waren sehr selten. Drei Tage lang suchte der Mann, aber am dritten Tag fand er eine.

»Wollen Sie ihren Platz bei mir haben?«

»Wie meinen Sie das?« fragte die Frau.

»Ach wissen Sie«, sagte der Mann. »Ich bin doch so außerordentlich ordentlich.«

»Das gibt es auch nicht oft«, sagte die Frau. »Wie kann ich Sie ferner erreichen?«

»Durch das Fenster«, sagte der Mann. »Da verlieren wir uns nicht aus den Augen.«

Kaum war die Frau durch das Fenster gestiegen, küßte sie den Mann.

»Was tun Sie da!« rief der Mann.

»Ich küsse Sie«, sagte die Frau.

»Das hatte ich auch vergessen«, dachte der Mann und war froh, eine neue Frau zu haben.

Allerdings war die neue Frau ziemlich liederlich. »Wie kommt die Brille in den Kohlenkasten?« fragte sie und legte die Brille auf den Tisch. »Wie kommen die Kohlen in die Wäschetruhe?« fragte sie und legte die Kohlen in den Kohlenkasten. Dann sagte sie nur noch »Pfui«, nahm die Hose aus dem Brotschrank und das Brot aus dem Bett, legte das Brot in den Brotschrank, die Hose in die Wäschetruhe und sich selber ins Bett.

»Wenn sie weiter so liederlich ist«, dachte der Mann, »wird sie mich noch verlieren.«

Dann stellte er sich in den Kleiderschrank.

»Gute Nacht, Frau«, sagte er.

»Gute Nacht, Mann«, sagte sie.

Dann war es eine Stunde lang still.

»Alles muß seinen Platz haben«, sagte der Mann.

»Das meine ich auch«, sagte die Frau.

Dann war es wieder eine Stunde lang still.

»Aber was ist das für ein Platz, wenn ich hier bin und Du da«, rief er schließlich.

»Das meine ich auch«, sagte die Frau.

Auf diese Antwort hatte der Mann nur gewartet. Rasch trat er hervor und sagte: »Besser liederlich im Brotschrank als ganz allein im Bett.«

Der Vater, der nicht richtig schimpfen konnte

Es war ein Vater, der wollte den Kindern zu Weihnachten große Freude machen, denn er wußte, daß Kinder sonst nicht viel zu Lachen haben. Deshalb borgte er sich eine rote Nase und einen weißen Bart. Und weil es ein richtig schöner Heiligabend werden sollte, verfaßte er außerdem ein Gedicht.

Der Vater, von dem hier die Rede ist, war nämlich ein Dichter. Kein großer Dichter, nur ein kleiner, aber große Dichter gibt es sowieso genug.

Leider war auch ihm die Frau davongelaufen. Dichtern laufen die Frauen immer davon. Und wenn sie es nicht tun, sind sie selber daran schuld. Diese Frau jedenfalls sah, daß sie fortkam. Das Radio und den Fernsehapparat hatte sie mitgenommen, aber die Kinder dem Vater überlassen.

Darüber freute sich der Vater sehr. Allerdings gab es Probleme mit der Erziehung, denn er war ein Vater, der nicht richtig schimpfen konnte. Nur manchmal, wenn die Kinder wieder an den Stuhlbeinen sägten, während er dichtete, brüllte er, daß die Tassen im Schrank zitterten. Aber die Kinder wußten, der Vater brüllte nur kurz. Dann ging er wieder an seinen Schreibtisch, um ein Gedicht zu schreiben, das keiner verstand.

So kam Weihnachten heran. An alles war gedacht, nur den Christbaum hätte der Vater beinahe vergessen. Selbst auf dem Weihnachtsmarkt gab es keinen mehr, doch endlich schleppte der Verkäufer einen Baum heran, den man eigentlich schon zum Zersägen beiseite geschafft hatte. Es war ein erstaunlicher Baum. Zwar besaß er nicht allzu viele Äste, ja genau genommen nur drei. Aber diese Äste verzweigten sich unentwegt und waren von einem frischen und tiefen Grün, wie es der Vater schon lange nicht mehr gesehen hatte. Sein ganzes Geld wollte er dafür geben, doch der Verkäufer meinte, den Griebel könne er umsonst haben. Man merkte eben, daß Weihnachten war, da bemühte sich jeder, etwas weniger unfreundlich zu sein.

Allerdings hatte der Vater seine Schwierigkeiten mit dem Baum. Da sich die Äste unentwegt verzweigten, war immer wieder entweder der Vater im Zimmer, aber nicht der Baum, oder der Baum war im Zimmer, aber der Vater mußte draußen bleiben.

Deshalb hängte der Vater sämtliche Türen aus, so

daß der Baum ungestört bis in die Küche grünen und das Fest beginnen konnte.

Der Vater war der Weihnachtsmann und sagte ein Gedicht auf:

Kinder seht den Weihnachtsmann
Bitte nicht so böse an.
Ich stecke meine Rute ein
Und will auch immer artig sein.

Das Gedicht war gar nicht übel. Doch wen interessieren schon Gedichte, selbst wenn sie gar nicht übel sind? Während der Weihnachtsmann in der Luft herumfuchtelte, stahl ihm Johannes die rote Nase und Ulrike den weißen Bart, so daß er wieder der Vater war. Moritz untersuchte inzwischen die Geschenke, die allesamt sehr musikalisch waren:

Eine große Posaune für Johannes.

Eine kleine Geige für Ulrike.

Eine winzige Flöte für Moritz.

Auch der Vater besaß Geschenke. Eine Flasche Schnaps, die war selbst gekauft. Außerdem hatten ihm gute Menschen einen Schlips geschenkt. Auf dem Schlips war eine furchtbar nackte Frau abgebildet, so daß ihm die Tränen kamen. »Die hat mir grad noch gefehlt«, sagte er und wünschte sich etwas Musik.

Johannes nahm die große Posaune.

Ulrike nahm die kleine Geige.

Moritz nahm die winzige Flöte.

Der Vater nahm die Flasche und sang »Stille Nacht«. Trotzdem wurde es kein Erfolg.

Die Posaune bellte.

Die Geige quietschte.

Die Flöte schrie um Hilfe.

Da entschuldigte sich der Vater und zog sich mit seiner Flasche zurück. Die Kinder aber warfen ihre Instrumente in die Ecke. Viel lieber spielten sie Räuber, denn in der Wohnung war ja nun ein Wald.

So vergaßen sie den Vater bald. Einmal war er noch zu hören gewesen. »Bitte geht ins Bett«, hatte er gesagt, aber was soll ein Vater machen, wenn die Kinder nicht ins Bett wollen? Selbst als sie die Stühle ansägten, brüllte er nicht einmal kurz, weil es ein richtig schöner Heiligabend werden sollte.

Allmählich aber wurden selbst die Kinder müde. »Das ist doch keine Erziehung«, schimpften sie ihrerseits. Wo aber mochte der Vater nur sein? Auf dem Baum saß er nicht, das hätte ihm ähnlich gesehn. Auch im Küchenwald gab es keine Spur von ihm. Jedoch im Stubenwald, dort, wo das unentwegt sich verzweigende Grün bis zum Fußboden reichte, lag er, der Länge lang ausgestreckt. Er hatte die Schnapsflasche noch in der Hand und sang im Schlaf »Stille Nacht«.

Da merkten die Kinder, daß er dringend Hilfe brauchte. Sie schleppten Decken und Kissen herbei und bauten ihm in der Höhlung ein Bett. Und weil er immer noch »Stille Nacht« sang, holten sie ihre Instrumente. Leise, ganz leise begleiteten sie den Gesang des Vaters. Dann nahmen sie ihm die Schnapsflasche weg und drückten ihm dafür ein Marzipanbrot in die Hand. So war es am Ende doch noch ein richtig schöner Heiligabend geworden.

Der Mann, der lieber tot sein wollte

Einem anderen Mann war die Frau ebenfalls fortgelaufen, aber zum Abschied hatte sie ihm noch einen Brief geschrieben.

»Lieber Mann«, schrieb sie, »Du bist ja ganz lieb, aber jetzt habe ich einen Mann, der ist noch viel lieber als Du. Mit freundlichem Gruß! Deine ehemalige Frau.«

»Das hätte ich gleich wissen müssen, daß ich nicht lieb genug bin«, dachte der Mann. Und wäre sich am liebsten auch fortgelaufen. Doch überall, wohin er lief, traf er sich selber an. Die einzige Möglichkeit, sich selber zu entkommen, war die, daß man starb.

»Gute Idee«, dachte der Mann.

Bestimmt brauchte man zum Sterben eine Menge Schmerzen. Doch über Schmerzensmangel konnte er sich nun wirklich nicht beklagen. Nur einen Abschiedsbrief mußte er noch schreiben. »Liebe Frau«, schrieb er. »Das hättest Du mir eher sagen sollen, daß ich nicht lieb genug bin, denn dann wäre ich gleich gestorben. Letzter Gruß, Dein ehemaliger Mann.«

Nach diesen Worten legte er sich der Länge lang auf den Fußboden hin. Und um ihn her breitete sich eine Stille aus, wie er sie noch nie gehört hatte.

»Vielleicht bin ich schon tot«, dachte er.

Nur die Stubenuhr tickte.

Hörten Tote Uhren ticken?

Obwohl er sterbensmüde war, erhob er sich noch einmal, um die Uhr anzuhalten. Und auch die Uhr verstummte, als ob sie gestorben wäre.

»Jetzt zeigt sie für immer die Stunde meines Todes an«, dachte der Mann und starrte erneut zur Zimmerdecke empor.

An der Zimmerdecke hing eine Stubenlampe.

Sahen Tote Stubenlampen?

Kopfschüttelnd schloß er die Augen, und die fragliche Lampe verschwand. Überall herrschte nun Dunkelheit, und dankbar sagte sich der Mann, daß er am Ende doch einen verhältnismäßig leichten Tod gehabt hatte. Nur ein fernes Fliegensummen hörte er noch, doch ein gewisses Fliegensummen gehörte sicherlich dazu: Als ferne Erinnerung daran, daß man einst am Leben war. Selbst als sich ihm die Fliege auf die Nase setzte, rührte er sich nicht. Und blieb selbst dann noch regungslos, als sie in sein linkes Nasenloch einbog.

»Tote merken nichts«, dachte er.

Die Folge war eine Niesexplosion.

Die Niesexplosion riß den Mann wieder ins Leben zurück. »Ich werde diese Fliege umbringen müssen«, rief er, doch die Niestätigkeit hatte das Tier schon zu Boden geworfen. Reglos lag sie da und rührte keinen Fuß. »Sie wird doch nicht gestorben sein«, dachte der Mann erschrocken, doch erst nach langer Notbeatmung bewegte sie ein Bein. Und es bedurfte noch etlicher Wiederbelebungsversuche, ehe sie sich brummelnd um sich selber drehte.

»Recht so«, sagte der Mann, »man lebt schließlich nur einmal.« Und schleppte die Fliege zum Fenster, durch das sie dankbar entflog.

»Tor«, riefen die Kinder im Hof.

»Ruhe«, rief der Mann.

»Herr Schimpfkäse!« riefen die Kinder, »spielen Sie mit uns mit?«

»Keine Zeit«, sagte der Mann. »Bin leider gerade mit Sterben beschäftigt.«

»Und morgen?« fragten die Kinder.

»Mal sehen«, sagte der Mann. Und zog sich erneut in sein Sterbezimmer zurück. Nicht umsonst galt der Tod als das Schwierigste im Leben. Erst im Sarg hatte der Mensch seine Ruhe.

»Gute Idee«, dachte der Mann und machte sich auf den Weg ins Bestattungsinstitut. Der Bestattungsingenieur drückte ihm lange die Hand.

»Handelt es sich um eine nahestehende Person?« fragte er mit gedämpfter Stimme.

Der Mann nickte.

»Dann soll es sicher einer der besseren Särge sein?«

»Der beste, den Sie haben«, sagte der Mann. »Man stirbt schließlich nur einmal.«

»Das haben Sie fein beobachtet«, bemerkte der Ingenieur und zeigte ihm ein besonders teures Modell. »Gestatten Sie?« fragte der Mann und legte sich hinein. Freilich war der Sarg etwas klein. Wenigstens die Beine sollte man doch ausstrecken dürfen.

Der Ingenieur räusperte sich. Das war aber nicht üblich, daß sich die Kundschaft gleich selber in die Särge legte.

»Hat der Todesfall denn Ihre Maße?«

»Haargenau«, sagte der Mann und legte sich in einen anderen Sarg, der nun wieder zu groß war, so daß man sich in ihm ganz verloren fühlte.

»Wie war doch der Name?« fragte der Ingenieur.

»Schimpfkäse«, sagte der Mann.

»Wie auch immer«, sagte der Ingenieur. »Für einen

Leidtragenden läßt Ihr Benehmen sehr zu wünschen übrig.«

Dennoch probierte der Mann noch einen dritten Sarg. »Der geht zur Not«, erklärte er und bat darum, den Deckel zu schließen.

»Das tun wir nur für unsere Toten«, lautete die düstre Antwort.

»Ich bin der Tote«, sagte der Mann. »Jedenfalls wird mit meinem Ableben unmittelbar gerechnet.«

»Und Ihre Angehörigen?« fragte der Ingenieur.

»Angehörige habe ich nicht. Mir ist doch die Frau fortgelaufen.«

Da begriff der Ingenieur, daß es sich hier wirklich um einen schweren Trauerfall handelte. Dringend riet er dem Mann, sich eine andere Frau zu suchen. »Man lebt schließlich nur einmal«, setzte er hinzu.

»Das haben Sie fein beobachtet«, erwiderte der Mann. Bleich, wie er war, sah er wirklich einem wandelnden Leichnam ähnlich.

Zu Hause fand der Mann noch etwas Nudelsuppe. Die Nudelsuppe hatte seine Frau noch gekocht. Es war die beste Nudelsuppe, die er je gegessen hatte. »Was für eine himmlische Nudelsuppe«, rief er, und die Tränen tropften ihm auf den Teller, so daß er kaum mit Löffeln nachkam und die Suppe immer salziger wurde. Wie konnte er sich jemals eine andere Frau nehmen, wenn seine ehemalige Frau solche Nudelsuppen kochte?

Kurzentschlossen erklärte der Mann die Wäschetruhe in der Kammer zu seiner letzten Ruhestätte. Und als er den Deckel über sich schloß, war es sofort zappenduster und obendrein totenstill.

Nur, daß ein Sturm sich näherte und den Sarg durchwehte.

»Ich atme noch«, dachte der Mann und versuchte, immer weniger Luft zu holen, bis hin zum Atemstillstand.

Nur, daß ein Stampfen näher kam und durch den Sarg marschierte.

»Mein Herz schlägt noch«, dachte der Mann und versuchte, das Klopfen zu verlangsamen, bis hin zum Herzstillstand.

»Geschafft«, dachte der Mann. »Nur denken darf ich nicht. Selbst, daß ich tot bin, darf ich nicht denken, denn Tote denken nicht. Nicht einmal, daß sie nicht denken dürfen, dürfen die Toten denken«, dachte der Mann und schlief ein.

Worauf ein Leuchten näher kam und den Sarg erhellte.

Das Leuchten ging von einer Frau aus, die sich tief über ihn beugte. Und durch ihr lichtverfitztes Haar einen Heiligenschein hatte.

»Wach auf, Mann«, sagte sie, »ich bin zurückgekommen.«

»Du hast doch jetzt einen viel lieberen Mann!«

»Der war nur am Anfang lieb.«

»Zu spät«, sagte der Mann, »denn nun bin ich schon tot.«

»Ja«, sagte die Frau und lachte und weinte gleichzeitig: »Ich habe Deinen Abschiedsbrief gelesen.« Dann beugte sie sich noch tiefer herab, so daß er vor lauter Glanz die Augen schließen mußte. »Wie schön es im Himmel ist«, dachte er. Und wenn er nicht gestorben ist, so denkt er das noch heute.

Was soll hier noch wachsen?

Das langgestreckte Wunder

In seinem Garten lag einmal ein Mann.

Der Garten war so klein, daß der Mann oben am Zaun mit dem Kopf und unten am Zaun mit den Füßen anstieß.

Über dem Mann aber war der riesige Himmel.

Nachdem der Mann den riesigen Himmel genügend betrachtet hatte, spürte er in seinen Beinen ein schmerzliches Ziehn. »Ich wachse noch«, sprach er und freute sich. Schon waren seine Beine durch den Zaun in den Nachbargarten hinübergeglitten.

»Was machen Sie mit Ihren Füßen in meinen Kohlrabis?« rief der Gartennachbar und besprühte die Beine des Mannes mit Unkrautvertilgungsmittel.

»Nur eine kleine Verlängerung«, erklärte der Mann. Schon krochen seine Beine drüben am Schulhaus empor. »Aufwiedersehen!« rief der Mann noch, aber die Füße sahen sich nicht einmal um. Blitzartig bogen sie durch ein Fenster ins Klassenzimmer ein.

»Wer hat seine Füße auf das Pult gelegt?« fragte der Lehrer.

»Wir nicht«, sagten die Kinder, denn sie hatten ihre Füße noch bei sich. Auch der Lehrer hatte seine Füße noch bei sich. »Was für eine Disziplinlosigkeit«, sagte er und gab den unbekannten Füßen eine Sechs in Betragen.

Sofort stießen die Beine die Tür des Klassenzimmers auf und jagten treppab aus dem Schulhaus hinaus. Sie brachten die Schlange vor dem Konsum durcheinander und legten den Verkehr lahm. Die Polizei pfiff auf ihren Trillerpfeifen. Die Autofahrer drohten den Füßen mit der Faust. »Immer diese Fußgänger«, riefen sie. Unterdessen strebten die Beine dem Fußballplatz zu. Soeben holte der lange Müller zu einem seiner unhaltbaren Torschüsse aus, als die Füße auf den Rasen stürmten. Im letzten Moment nahmen sie dem langen Müller den Ball vom Fuß und schlenzten das Leder ins gegenüberliegende Tor.

»Eins zu null für Fortschritt«, jubelten die Zuschauer. Die Beine aber wuchsen quer durch die ganze Stadt. Die ganze Stadt war auf den Beinen, um dem langgestreckten Wunder hinterherzuwandern. Sie gelangten auf einen Berg, der war grün. Sie gelangten auf einen Berg, der war kahl. Sie gelangten auf einen Berg, der war Müll.

»Was für ein schönes Land!« rief der Lehrer.

Die Beine aber hielten auf einen Pfosten zu, hinter dem das Land zu Ende war.

»Halt«, rief der Posten am Pfosten, doch die Beine wuchsen und wuchsen.

»Übertreibt es nicht«, baten die Leute, doch die Beine wuchsen noch immer, obwohl sie keine Genehmigung zur Durchfahrt bei sich hatten.

»Das ist ja zum Schießen«, sagte der Posten am Pfosten. Da stießen die Füße den Posten samt Pfosten einfach um.

»Au«, sagte der Posten am Pfosten.

»Au«, sagte im Garten der Mann.

Die Röhren aber fuhren triumphierend ins Nachbarland ein. Und alles, was Füße hatte, lief mit ihnen mit. Und die Leute von hüben und drüben betrachteten einander und sprachen: »Na, wir sind ein Volk.«

»Wem gehören die Beine?« fragte der Bundeskanzler. Keiner meldete sich.

»Irgendwem müssen die Beine doch gehören!« wiederholte der Bundeskanzler.

»Uns vielleicht?« fragten die Leute von drüben.

»Davon kann keine Rede sein«, entgegnete der Bundeskanzler. Denn alles war in dem Land erlaubt, nur daß etwas allen gehörte, das war nicht erlaubt. »Die Dinger sind Chefsache«, erklärte er und verkaufte sie meterweise. Und selbst der Posten am Pfosten bekam einen neuen Posten, indem er das Eigentumsbein der Beineigentümer bewachte.

Dennoch stahlen die Beine sich fort und suchten, die Füße voran, nach einem anderen Land, wo sie sich noch selbst gehörten. Und während hier die Meldung eintraf, daß sie bereits persönlich die Niagarafälle besuchten, wollte man sie dort noch immer in der Wüste gesehen haben, wogegen man anderenorts davon munkelte, daß sie in einer Tiefe von siebentausend Metern den Ozean durchquerten.

Was aber war mit dem Mann?

Der Mann lag noch immer im Garten, in die Betrachtung des Himmels vertieft. »Wo mögen meine Füße nur sein«, dachte er hin und wieder und war gewiß längst eingeschlafen, als er einen heftigen Schlag am Hinterkopf verspürte.

»Ach, da sind sie ja!« rief er und faßte rasch hinter sich, um die Füße festzuhalten. Und lag so eine Weile da, die Füße in der Hand, indes die Beine den Erdball umspannten. Und wieder sah er zum Himmel empor, ein schmerzliches Ziehen im Hals. Denn schon war der Hals etwas länger geworden, so daß der Kopf überm Gartenzaun schwebte.

Der Mann, der ein Flußpferd war

Es war einmal ein ganz schön dicker Mann. Der sagte sich eines Tages: »Ich habe einhundert Bücher und alle schon gelesen. Vielleicht kaufe ich mir noch ein Buch.« Er ging in einen Laden und kaufte sich noch ein Buch. In dem Buch war gleich auf der ersten Seite ein Bild, und unter dem Bild stand geschrieben:

DAS IST DAS FLUSSPFERD.

»Schön«, dachte der Mann, »das ist das Flußpferd, und ich bin der Mensch. Ich gehe jeden Tag arbeiten, aber das Flußpferd liegt jeden Tag im Fluß. Vielleicht hat das Flußpferd Lust, Mensch zu sein. Ich, der Mensch, habe Lust, Flußpferd zu sein.«

Da der Mann in seiner Wohnung keinen Fluß hatte, ließ er die Badewanne voll Wasser, bis nur noch der Kopf herausschaute. Dann nahm er das Buch, blätterte die nächste Seite um und las:

DAS FLUSSPFERD WIRD AUF LATEINISCH HIPPOPOTAMUS GENANNT.

»Donnerwetter«, dachte der Mann. »Noch einen Namen habe ich, das Flußpferd. Hippopotamus! Wie stolz das klingt. Früher hieß ich bloß Meier.

Es wird Zeit, daß ich mich den Leuten zeige.«

Darauf stieg der Mann aus der Wanne, die sowieso höchst ungeeignet für ein Flußpferd war, zog seinen besten Anzug an, setzte den Hut auf und ging los. Die Straße herauf kam Frau Müller. Der Mann lüftete den Hut und sagte: »Guten Tag, Frau Müller.«

»Guten Tag, Herr Meier«, sagte Frau Müller.

»Hippopotamus«, sagte der Mann.

»Sie haben recht, ein schlimmes Wetter heute«, sagte Frau Müller und ging.

»Sie will nicht sehen, daß ich das Flußpferd bin«, dachte der Mann, kniff die Augen zusammen, plusterte die Backen auf und trampelte: »Jetzt bin ich aber wirklich das Flußpferd. Und Hunger habe ich auch.«

So kam er zu einem Laden, in dem es Käse und Waschpulver gab. Was aber mochte so ein Flußpferd fressen?

Er nahm das Buch aus der Tasche, schlug die nächste Seite auf und las:

DAS FLUSSPFERD FRISST SEHR GROSSE MENGEN KRAUT GRAS BLÄTTER ODER WURZELN.

»Liebe Frau«, sagte der Mann. »Ich möchte sehr große Mengen Kraut Gras Blätter oder Wurzeln.«

»Sie Schelm«, sagte die Verkäuferin und legte einen Strauß Petersilie auf die Ladentafel. Der Mann, der ein Flußpferd war, steckte es in den Mund. Es schmeckte. »Erst bezahlen«, rief die Verkäuferin.

»Ich nehme hundert Stück«, sagte der Mann.

Die hundert Strauß Petersilie stopfte er in sämtliche Taschen und schritt davon. »Man will noch immer nicht einsehen, daß ich das Flußpferd bin«, dachte er, nahm das Buch heraus und schlug die nächste Seite auf:

SEIN GESANG IST EIN TIEFES GRUNZEN UND EIN GELEGENTLICHES WEITHINSCHALLENDES BRÜLLEN.

»Aha«, dachte der Mann. Das Flußpferd ist auch Künstler.

So begab er sich zum Opernhaus. »Bitte lassen Sie mich auf die Bühne«, sagte er zum Kassenfräulein. »Ich bin Künstler.«

»Das behauptet jeder«, antwortete das Kassenfräulein.

»Ich kann aber singen«, sagte der Mann. »Es handelt sich um ein tiefes Grunzen und ein gelegentliches weithinschallendes Brüllen.«

»Machen Sie das in der Badewanne«, sagte das Kassenfräulein, aber da war der Mann ja schon gewesen, und so blieb ihm nichts anderes übrig, als sich eine Eintrittskarte zu kaufen. Er setzte sich in die erste

Reihe. Weil die Oper noch nicht richtig angefangen hatte, nahm er etwas Petersilie, aß und grunzte tief. »Ruhe«, rief es, denn die Kapelle spielte schon. Jemand schwenkte ununterbrochen die Arme; das war der Kapellmeister.

Endlich öffnete sich der Vorhang. Auf der Bühne, die sehr fremdländisch aussah, stand ein dicker Mensch und brüllte weithinschallend.

»Er hat die Rolle des Flußpferds übernommen«, dachte der Mann und begann ebenfalls weithinschallend zu brüllen. Es gelang ihm so wundervoll, daß die Leute nur noch ihm zuhörten. Auch der Kapellmeister drehte sich vom Orchester weg in den Zuschauerraum und fuchtelte in der Luft herum.

Jetzt dirigiert er mich, dachte der Mann und brüllte noch weithinschallender, so daß der Sänger auf der Bühne verstummte.

»Er sieht ein, daß ich es besser kann«, dachte der Mann. Der Vorhang fiel, und es kam der Operndirektor persönlich.

»Was grölen Sie hier herum, Sie Flußpferd«, rief er.

»Endlich erkennt mich einer«, dachte der Mann.

»Verlassen Sie unser Haus«, rief der Operndirektor. »Dies ist eine Oper von Richard Wagner.«

So mußte der Mann, der ein Flußpferd war, das Opernhaus verlassen. Gern hätte er geweint, doch woher sollte er wissen, ob ein Flußpferd zu weinen vermag. Auf der nächsten Seite im Buch stand nur:

DEM MENSCHEN KANN DAS FLUSSPFERD SEHR GEFÄHRLICH WERDEN.

»Vielleicht mögen die Leute deshalb nicht, daß ich ein Flußpferd bin«, dachte er. »Ich muß es geheimhalten. Keiner darf wissen, daß ich in Wirklichkeit nicht Meier, sondern Hippopotamus heiße.«

Von nun an tat der Mann, was alle Leute taten. Er ging seiner Arbeit nach, ließ sich Herr Meier nennen und aß Käse im Schnitt. Nur wenn ihn keiner beobachtete, verzehrte er große Mengen Petersilie.

Der Mann, der furchtbar häßlich war

Es war einmal ein Mann, der hatte eine Nase im Gesicht wie jedermann, einen Mund und buschige Augenbrauen wie andere auch, und doch machte er einen furchtbaren Eindruck auf sich.

»Bäh, ich bin häßlich!« rief er und streckte sich selber die Zunge heraus.

Gerade deshalb brauchte er eine schöne Frau. Nur eine schöne Frau war schön genug, damit er vergaß, wie häßlich er war.

»Was starren Sie mich so an?«

»Sie sind aber schön!«

»Danke, danke«, sagte die Frau.

»Nur leider nicht schön genug.«

»Sie sind aber häßlich!«

»Sag ich doch«, sagte der Mann und wünschte ihr einen anderen Mann, der weniger häßlich war. Hernach machte er sich erneut auf die Suche.

»Was starren Sie mich so an?«

»Sie sind ja noch schöner«, sagte der Mann.

»Sag ich doch«, sagte die Frau. Doch als er sie begleiten wollte, warf sie ihn über die Schulter und schlug ihm die Faust an die Stirn.

»Jujutso«, erläuterte sie. »Wollen Sie mal meine Muskeln anfühlen?«

Der Mann verneinte. Auf der Stirn wuchs ihm ein vollständiges Matterhorn mit Sonnenuntergang.

Mit einem Schlag brauchte der Mann eine noch schönere Frau. Doch nicht einmal die schönsten Frauen waren schön genug, um mit seiner Häßlichkeit mithalten zu können.

»Bäh, ich bin oberhäßlich«, rief er und setzte sich wie alle einsamen und häßlichen Leute vor den Fernsehapparat.

Wie immer wurde im Fernsehen soeben ein Mensch umgebracht. Nachdem der Mensch umgebracht worden war, kam der nächste dran, bis man vor lauter Leichen den Überblick verlor.

Dann aber erschien eine Frau.

Ihre Stirn war wolkenlos.

Ihr Auge himmelblau.

Ihr Busen ein Hochdruckgebiet.

»Es folgt der Wetterbericht«, sagte sie.

»Donnerwetter«, dachte der Mann, wie vom Blitz getroffen. Und rückte etwas näher heran und drückte seine Lippen auf ihren roten Mund.

»Viel zu kühl«, sagte sie.

»Ach so«, sagte der Mann und küßte sie heftiger.

»Viel zu stürmisch«, sagte sie. »Und außerdem zu feucht für die Jahreszeit.«

»Ruhe beim Küssen«, sagte der Mann.

»Die weiteren Aussichten«, sagte die Frau.

»Ja, wie sind sie denn, die weiteren Aussichten!« rief der Mann.

»Eher freundlich«, sagte die Frau und schenkte ihm einen langen Blick aus ihren Schönwetteraugen.

»Bis bald«, flüsterte sie.

»Bis bald«, flüsterte der Mann und knipste den Fernseher aus, bevor sie erneut einen Menschen umbrachten.

Dann nahm er sich ein Taxi. »Wohin?« fragte der Taxichauffeur.

»Zur schönsten Frau der Welt.«

»Die kommt höchstens im Fernsehen vor.«

»Sag ich doch«, sagte der Mann und ließ sich zum Fernsehfunk fahren.

»Wohin?« rief der Fernsehpförtner.

»Zur schönsten Frau der Welt.«

»Sie trauen sich was!«

»Wer so aussieht wie ich«, erläuterte der Mann, »muß nach dem Höchsten streben.«

Da aber trat sie ihm schon auf der Treppe entgegen. Freilich ging ein fremder Mann mit ihr mit und hatte seinen Arm um ihre Hüfte gelegt.

»Was machen Sie denn da?« rief der Mann.

»Das frage ich Sie«, sagte der fremde Mann. »Ich bin doch hier angestellt!«

»Beim Fernsehen, was?« rief der häßliche Mann und faßte den Kerl etwas näher ins Auge. War das nicht auch einer von denen, die Tag für Tag einen Menschen umbrachten?

»Ja«, sagte der Fernsehmörder, »das ist mir selber peinlich. Aber die Leute wollen es so.«

»Um so schlimmer«, sagte der häßliche Mann. Dann warf er ihn über die Schulter und schlug ihm die Faust an die Stirn. »Jujutso«, erläuterte er. »Wollen Sie mal meine Muskeln anfühlen?«

Der Fernsehschaffende verneinte. Auf der Stirn wuchs ihm ein vollständiges Matterhorn mit Sonnenuntergang.

»Was geht hier vor?« fragte der Fernsehpförtner.

»Nur eine kleine Verbesserung unseres Fernsehprogramms«, erwiderte die Frau. Dann bat sie den Mann um Begleitung, so daß er sich schon etwas weniger häßlich vorkam. Und als sie ihn schließlich küßte, vergaß er sein Häßlichsein ganz.

Das Gänseblümchen

Es war einmal ein Morgen, in den die halbe Welt hineinpaßte. Und außerdem der Weg, die Katze und der Zaun.

Mitten auf dem Weg aber wuchs etwas.

»Nanu«, sagte die Katze. »Auf dem Weg wächst etwas.«

»Wo?« fragte der Zaun, der ziemlich schlecht sah. Er fragte auch nicht wirklich, sondern schwieg, aber die Katze verstand ihn auch so.

»Sperr Deine Augen auf, Mensch«, sagte sie; und der Zaun schwieg beleidigt, weil ihn die Katze Mensch genannt hatte. Dabei war da wirklich nur ein fadenscheiniges Grün zu erkennen.

»Was für ein Etwas gedenkst Du zu sein?« eröffnete die Katze das fällige Gespräch.

»Woher soll ich das wissen?« erwiderte das Etwas und legte ein winziges Blatt in den Staub. Das Blatt war gelöffelt, geborstet und gezähnt.

»Ach so, ein Gänseblümchen.«

»Ich bin ein Gänseblümchen?« fragte das Gänseblümchen und legte ein zweites Blatt in den Staub.

Jetzt sah es selbst der Zaun.

»Dummes Ding«, rief die Katze, »Fleißig bist Du auch noch!«

»Warum sollte ich nicht fleißig sein?« fragte das Gänseblümchen und brachte noch ein Blatt zutage.

»Weil faulsein viel ratsamer ist«, gähnte die Katze, rollte sich zusammen und schlief ein.

»Besonders für ein Gänseblümchen, das mitten auf dem Weg wächst«, sagte der Zaun. Allerdings sprach er nicht wirklich, sondern schwieg, aber das Gänseblümchen hörte sowieso nicht hin. »Was sind das nur für komische Leute?« fragte es sich und reckte zwischen den Blättern eine Art Hals hervor.

»Vorsicht!« fauchte die Katze im Schlaf.

Der Zaun stellte sich stocksteif.

Vom Haus her erbebte der Weg unter Schritten.

»Lena, hier wächst was!«

»Was soll da noch wachsen?«

»Unkraut, Lena, Unkraut.«

»Red kein Blech, Du Trottel. Ich habe doch gestern erst alles gründlich durchgejätet!«

»Schon gut, Lena, schon gut.«

Das Wegbeben entfernte sich, wie es gekommen war.

»Ich bin doch kein Unkraut«, erwiderte das Gänseblümchen und legte zum Beweis Blatt Nummer vier in den Staub.

»Die reine Unvernunft«, seufzte die Katze.

»Ich sage gar nichts mehr«, schwieg der Zaun.

Das Gänseblümchen aber lachte; von dünnen Fingern überstolpert und gründlich durchgekitzelt. Sein Hals verlängerte sich, und oben auf dem Hals hüpfte ein grüner Kugelkopf.

»Es regnet«, erklärte die Katze mißmutig und sprang zurück ins Haus. Der Zaun aber blieb, wo er war, denn es war seine Hauptaufgabe, zu bleiben, wo er war. Bald hörte der Regen auch wieder auf, und Gänseblümchen und Zaun trockneten still vor sich hin. Den Kugelkopf aber lupfte ein rötlich gesprenkeltes Weiß. »Ach du lieber Himmel«, dachte das Gänseblümchen, und der Kugelkopf öffnete sich, und das Gänseblümchen erblickte das Licht der Welt: Ein kreisrundes, gleißendes Etwas im unermeßlichen Blau.

»Nun blüht das Ding auch noch«, berichtete der Zaun auf seine stumme Art der zurückgekehrten Katze. »Furchtbar«, sagte die und benieste es dreimal, um ihm trotzdem Glück zu wünschen.

»Ihr seht aber aus!« flötete das Gänseblümchen.

Gekränkt wandt die Katze sich ab: »Die heutige Jugend.«

»Keinen Anstand«, ergänzte stillschweigend der Zaun.

»Wie sehe ich eigentlich aus?« fragte das Gänseblümchen, beiläufig seine Blätter ordnend.

Die Katze deutete mit der Pfote gen Himmel.

»Ungefähr wie die da.«

»So schön?« Das Gänseblümchen strahlte über alle Blütenblätter.

»Nur viel kleiner«, setzte die Katze hinzu. »Fast nicht der Rede wert.«

»Und doch das unverschämteste Gänseding, das wir je hier hatten«, stieß wortlos der Zaun hervor.

»Bin ich denn nicht einmalig?« fragte das Gänseblümchen.

»Jeder ist einmalig«, besagte das Schweigen des Zauns: Nur, daß es immer noch andere gab, die auch einmalig waren. Selbst er als Zaun versuchte da seinen bescheidenen Beitrag zu leisten.

»Und wo sind die anderen?«

Der Zaun verfiel in noch tieferes Schweigen. Die Katze putzte sich, als hätte sie die Frage von vornherein nicht verstanden.

»Tot«, sagte sie schließlich.

»Tot«, setzte der Zaun in aller Stille hinzu.

»Tot? Was ist das?«

»Tot ist, wenn man tot ist«, flüsterte die Katze.

»Und was ist, wenn man tot ist?«

»Dann wird es dunkel«, schnurrte die Katze.

»Dunkler als unter den Wurzeln der Erde«, äußerte lautlos der Zaun.

»Tut das weh?«

»Ach was. Es soll ganz angenehm sein. Vor lauter Finsternis kann einem kein Mensch mehr etwas anhaben.« Nach diesen Worten sprang die Katze abermals ins Haus. Das Gespräch hatte sie angestrengt. Tiefsinnige Gespräche strengten sie immer an. Außerdem mußte sie ihre Abendmilch einnehmen.

»Bleibe bei mir«, sagte das Gänseblümchen zum Zaun.

»Wo denn sonst?« lautete die stumme Antwort. »Es ist doch meine Hauptaufgabe, zu bleiben, wo ich bin.«

Allmählich wurde es dunkel.

»Sterbe ich jetzt?« fragte das Gänseblümchen, aber der Zaun stand ihm bei. Und mit dem Dunkel kam nur die Nacht; und das Gänseblümchen schloß die Blütenblätter, neigte den Kugelkopf und versuchte, zu schlafen. Nachdem es zu schlafen versucht hatte, lugte es erneut zwischen den Blütenblättern hervor.

»Zaun, bist Du noch da?«

»Wie oft soll ich Dir noch erklären, daß es meine Hauptaufgabe ist, immer noch dazusein«, antwortete dieser mit ärgerlichem Schweigen. Und deutete Latte für Latte nach oben. Und oben war der Himmel Punkt für Punkt mit Gänseblümchen übersät.

»Hallo!« rief das Gänseblümchen, doch die himmlischen Kollegen waren viel zu weit entfernt. Außerdem war es nun doch eingeschlafen. Allerdings glaubte es, gar nicht erst geschlafen zu haben, als sich der Kugelkopf wieder öffnete.

Im Morgenlicht erglänzte der Zaun in der Pracht seiner Latten. Über die Latten hinweg vollführte die Katze ihren Morgenspaziergang.

»Wir leben noch«, zwitscherte das Gänseblümchen, und auch der Zaun und die Katze hielten diesen Umstand für verhältnismäßig erfreulich.

»Wozu eigentlich?« fragte das Gänseblümchen.

»Nicht schon wieder tiefsinnige Gespräche«, meinte die Katze gähnend. »Es ist eine Frage der Morgenmilch.«

»Eine Frage der Pflicht ist es«, hieß es von Seiten des Zauns, indem er sich wieder einmal besonders gerade hielt.

Hoch über den Weg flog ein Fallschirm hin. Am Fallschirm hing ein Löwenzahnsame.

»Komm mit über den Zaun«, rief er. »Da ist es noch erlaubt, zu blühen!«

»Aber ich bin hier angewurzelt«, antwortete das Gänseblümchen. Freilich wartete der Löwenzahnsame nach Art aller reisenden Löwenzahnsamen die Antwort gar nicht erst ab und war schon davongesegelt.

»Vorsicht«, fauchte die Katze.

Der Zaun stellte sich stocksteif.

Vom Haus her näherte sich ein doppeltes Wegbeben.

»Hier wächst doch etwas, Lena! Das Zeug blüht sogar schon.«

»Dann reiß es doch raus, Du Trottel.«

»Wie Du meinst, Lena.«

Der Mann beugte sich über das Gänseblümchen, um es herauszureißen. In diesem Moment sprang die Katze herbei und biß ihn in die Hand.

»Au«, sagte er.

»Was heißt hier Au?« fragte die Frau. »Hat Dich das Unkraut gebissen?«

»Nein, die Katze«, sagte der Mann.

»Alles muß man selber machen«, erwiderte die Frau und gab der Katze einen Tritt. Dann beugte sie sich über das Gänseblümchen, um es herauszureißen. In dem Moment knarrte der Zaun.

»Was hast Du gesagt, Manfred?«

»Was soll ich gesagt haben? Ich habe doch sowieso nichts zu sagen.«

»Doch, geknarrt hast Du! Du knarrst neuerdings andauernd. Sei froh, daß ich für Ordnung sorge!« erwiderte die Frau, riß das Gänseblümchen aus und warf es über den Zaun.

»Ich sterbe ja«, dachte das Gänseblümchen und wunderte sich darüber, wie leicht das Sterben war. Nur das Dunkel kam und der Himmel, Punkt für Punkt mit Gänseblümchen übersät.

»Hallo«, sagte es noch, aber da war es schon tot.

Trotzdem ging der Tag noch weiter, und die Sonne schien, als ob nichts geschehen wäre. Die Katze allerdings hockte auf dem Zaun und weinte. Und der Zaun stand mit einem Mal schief.

So vergingen die Jahre

Liebst Du mich ich liebe Dich

In Niederbobritzsch lebten ein Mann und eine Frau. Tag für Tag schauten sie sich in ihre schönbuntgeschipperten Augen. »Liebst Du mich ich liebe Dich«, fragten sie einander, und kaum hatten sie das einander gefragt, spürten sie, was sie einander gefragt hatten.

So vergingen die Jahre.

»Liebst Du mich ich liebe Dich?«

»Wie bitte?« fragte der Mann.

»Ob Du mich liebst?«

Der Mann dachte nach. »Vermutlich ja. Doch leider merke ich es nicht mehr.«

Die Frau küßte ihn. »Und jetzt?« fragte sie.

»Immer noch nicht«, sagte der Mann. »Ich merke überhaupt nichts mehr.«

»Du mußt mir in meine schönbuntgeschipperten Augen schauen.«

»Was für schönbuntgeschipperte Augen?«

Da gab ihm die Frau eine Ohrfeige.

»Ohrfeigen merke ich auch nicht mehr«, sagte der Mann. Dann rannte er mit dem Kopf an die Wand.

»Merkst Du jetzt etwas?« fragte die Frau.

»Ja. – Aber ich weiß nicht, ob es Liebe ist.«

Wortlos standen sie einander gegenüber. Dies war der schlimmste Streit ihres Lebens. Kopfschüttelnd setzte sich der Mann einen Rucksack auf.

»Wohin gehst Du?«

»Dich suchen.«

»Aber ich bin doch hier!«

»Hier find ich Dich auch nicht«, sagte der Mann und war schon die Treppe hinunter.

»Und was soll ich inzwischen machen?«

»Den Abwasch«, rief er und trat auf die Straße hinaus. Er ging und ging durch Niederbobritzsch und auch noch nach Oberbobritzsch hinauf. Landschaft gab es reichlich, aber Frauen kaum. Höchstens, daß mal eine vom Traktor herunterstieg.

»Darf ich Ihnen behilflich sein?«

Die Antwort war eine Ohrfeige. Es war eine wunderbare Ohrfeige. »Ohrfeigen merke ich wieder«, dachte der Mann erfreut. Doch als er sich bedanken wollte, bekam er noch eine gedonnert.

Kopfschüttelnd lenkte der Mann seine Schritte auf einen Gasthof zu.

»Bitte ein Bier!« rief er.

»Das hat man jetzt öfter«, sagte der Wirt.

»Was?« fragte der Mann.

»Daß einem die Frau davonläuft.«

»Aber sie sitzt doch zu Hause.«

»Um so schlimmer«, sagte der Wirt.

»Was kann man da machen?« fragte der Mann.

»Man trinkt noch ein Bier.«

»Bitte noch zwei!« rief der Mann. »Frau, wo bist Du?« murmelte er in seine Biere hinein.

Indessen wusch die Frau zu Hause die Teller ab. Nachdem der Abwasch fertig war, warf sie die Teller zum Fenster hinaus. Dann nahm sie ihre Handtasche und machte sich auf den Weg. Sie ging und ging durch Niederbobritzsch und auch noch nach Oberbobritzsch hinauf. Landschaft gab es reichlich, aber Männer kaum. Höchstens, daß mal einer an der Haltestelle stand.

»Fährt hier was?« fragte die Frau.

»Ja«, sagte der Mann.

»Was?« fragte die Frau.

»Ein Bus«, sagte der Mann.

»Wann?« fragte die Frau.

»Übermorgen«, sagte der Mann.

»Und worauf warten Sie dann?«

»Auf den Bus«, entgegnete der Mann und spähte erneut in die Richtung, aus der er kommen mußte.

Kopfschüttelnd lenkte die Frau ihre Schritte auf einen Gasthof zu. Im Gasthof hörte sie einen Säufer grölen. Der Säufer war ihr Mann.

»Bitte noch drei!« rief er.

»Hier find ich ihn auch nicht«, dachte die Frau.

»Das hat man jetzt öfter«, sagte ein anderer Mann.

»Was?« fragte die Frau.

»Daß einem der Mann davonläuft.«

»Aber er sitzt doch da drin.«

»Um so schlimmer«, sagte der andere Mann.

»Was kann man da machen?« fragte die Frau.

»Man küßt einen anderen«, sagte der andere Mann. Anschließend küßte er sie.

»Nicht übel«, dachte die Frau und fragte den anderen Mann, was er beruflich sei.

»Rinderzüchter«, erwiderte er. »Wollen Sie noch einen Kuß?«

»Bitte noch sechs!« rief im Gasthof ihr Mann.

»Bitte noch zwei«, sagte sie.

»Bitte noch zwölf«, rief im Gasthof ihr Mann. »Bier, wo bist du!« grölte er in seine Biere hinein.

Da setzte ihn der Wirt vor die Tür.

Vor der Tür stand ein anderer Mann. Der andere Mann war damit beschäftigt, eine Frau zu küssen.

»Halt, das ist meine Frau!«

»Bitte noch zwölf«, sagte sie.

Da packte den Mann die Wut. Ausgerechnet jetzt, wo er sie wiederfand, verlor er sie für immer. Doch wenn er sie schon für immer verlor, so wollte er dem Kerl wenigstens noch eine Ohrfeige geben.

Die Antwort war eine Ohrfeige. Es war eine herrliche Ohrfeige. Momentlang konnte der Mann seine Frau sogar doppelt sehn.

»Ja, es ist Liebe!« rief er.

»Vielen Dank für die Mühe«, sagte die Frau zu dem anderen Mann. »Gern geschehen«, erwiderte der. »Vielleicht klappt es wieder mal so.«

Mann und Frau aber sahen, daß sie nach Hause kamen. Tag für Tag schauten sie sich in ihre schönbuntgeschipperten Augen. »Liebst Du mich ich liebe Dich«, fragten sie einander, und kaum hatten sie das einander gefragt, spürten sie, was sie einander gefragt hatten.

So vergingen die Jahre.

Der Ernst des Lebens

Es waren einmal ein Mann und eine Frau, die liebten einander so sehr, daß sie auf der Stelle heirateten.

Die Hochzeit ging so vor sich, daß sie einen Kirschbaum bestiegen. Der Kirschbaum war in voller Blüte, so daß sie sofort unter Blüten verschwanden und keiner mehr sagen konnte, was sie da oben eigentlich trieben. Nur so viel, daß der Kirschbaum mehrmals kichernd auf und nieder wankte.

Dann begann der Ernst des Lebens.

Der Ernst des Lebens war eine Wohnung im dritten Stock.

Die Wohnung war ein wenig klein, so daß sie noch froh sein konnten, wenn sie genügend Platz darin fanden.

»Hauptsache, wir haben uns«, sagten sie.

»Mehr brauchen wir nicht.«

»Höchstens noch ein Ehebett.«

»Wieso.«

»Soll ich mein Leben lang auf dem Fußboden schlafen?«

»Dann aber gleich ein Himmelbett.« –

Durch das Himmelbett war schon etwas weniger

Platz in der Wohnung. Dafür aber nun um so mehr Platz im Himmelbett.

»Das soll der Ernst des Lebens sein?« sprachen sie zueinander und fingen an, noch einmal Hochzeit zu feiern.

Die Hochzeit ging so vor sich, daß ein Stockwerk tiefer die Lampen auf und nieder wankten und das Aquarium überschwappte.

»Hör dir das an«, sagte ein Stockwerk tiefer die Frau.

»Das gibt sich in der Ehe«, entgegnete ihr Mann und sammelte die Fische ein, die auf dem Teppich lagen.

»Mehr brauchen wir nicht«, sprachen die Frischvermählten in ihrem Himmelbett.

»Höchstens noch ein Spülklosett.«

»Wozu.«

»Soll ich mein Leben lang aus dem Fenster pinkeln?«

Auch das Spülklosett fand in der Wohnung noch Platz.

»Das soll der Ernst des Lebens sein?« sprachen sie zueinander und gingen zumeist gleich gemeinsam aufs Klo. Und während der eine tat, was er mußte, durfte der andere die Spülung bedienen. –

Himmelbett und Spülklosett.

»Mehr brauchen wir nicht«, sagten sie.

»Höchstens noch eine Badewanne.«

»Wozu.«

»Soll ich mir mein Leben lang die Füße in der Schlotte waschen?«

Durch die Badewanne war kaum noch Platz in der Wohnung. Dafür aber hatten sie nun um so mehr Platz in der Wanne.

»Das soll der Ernst des Lebens sein?« sprachen sie zueinander und fingen noch einmal an, Hochzeit zu feiern.

Das ging so vor sich, daß ein Stockwerk tiefer das Wasser durch die Decke tropfte.

»Es geht schon wieder los da oben«, sagte die Frau in der Wohnung darunter. »Das ist noch Liebe, mein Lieber!«

»Die gibt sich in der Ehe«, entgegnete ihr Mann. Und leitete das Wasser aus der Lampenschale in sein Aquarium um. –

Himmelbett, Spülklosett, Badewanne.

»Mehr brauchen wir nicht«, riefen die Frischvermählten.

»Hunger«, sagte der Mann.

»Wie bitte?« fragte die Frau.

»Einen Hunger habe ich.«

»Das kommt vom vielen Heiraten.«

»Kannst Du mir keinen Truthahn braten?«

»Nein«, sagte die Frau.

»Was? Du kannst keinen Truthahn braten!«

»Nein«, sagte die Frau.

»Und wieso kannst du keinen Truthahn braten?«

»Ohne Herd und Pfanne?« –

Auch Herd und Pfanne mußten irgendwie noch untergebracht werden. Dafür aber lernte der Mann nun an Hand des Truthahnbratens die Ehe auch noch von anderer Seite schätzen.

»Und was machen wir jetzt?«

»Wir setzen unsre Ehe fort«, erwiderte der Mann. Anschließend gähnte er. Auch die Frau gähnte ein wenig.

Himmelbett, Spülklosett, Badewanne, Herd und Pfanne.

»Mehr brauchen wir nicht«, sagten sie.

»Höchstens noch Kultur im Heim.«

Wozu.«

»Nur durch Kultur im Heim hält sich eine Ehe auf Dauer«, behauptete die Frau. Dann ging sie außer Haus und kehrte mit einer Kuckucksuhr wieder. Und Mann und Frau saßen da und horchten, was der Kuckuck sagte. –

Himmelbett, Spülklosett, Badewanne, Herd und Pfanne, Kuckucksuhr.

»Mehr brauchen wir nicht«, sagten sie.

»Höchstens noch etwas Geistiges.«

»Wozu.«

»Für den Kopf«, sagte der Mann.

Dann ging er außer Haus und kehrte mit einem Whisky pur wieder. Den er fortan immer trank, wenn der Kuckuck Kuckuck rief. –

Himmelbett, Spülklosett, Badewanne, Herd und Pfanne, Kuckucksuhr, Whisky pur.

»Das brauche ich«, sagte er.

»Ich nicht«, sagte die Frau. Dann ging sie außer Haus und kehrte mit drei Männern wieder. Die drei Männer schleppten eine Vitrine mit Löwenfüßen herein.

»Brauchen wir die?« rief der Mann.

»Aber ja«, rief die Frau. »So preiswert bekommen wir nie wieder ein derartig wertvolles Stück.«

»Ach so«, sagte der Mann.

»Wohin?« riefen die Männer und stellten die Vitrine auf dem Fuß des Mannes ab, so daß er große Mühe hatte, der Neuanschaffung Platz zu machen. –

Himmelbett, Spülklosett, Badewanne, Herd und Pfanne, Kuckucksuhr, Whisky pur, Protzvitrine.

»Das brauche ich«, sagte die Frau.

»Ich nicht«, sagte der Mann. Dann hinkte er außer Haus und kehrte mit einer Glotzmaschine wieder. –

»Du horchst ja immer noch«, sagte ein Stockwerk tiefer der Mann. »Sag bloß, Du hörst noch was!«

»Nein«, sagte die Frau. »Nur noch das Übliche.«

»Siehst Du«, sagte der Mann. »Das habe ich dir gleich gesagt: In der Ehe gibt sich alles.«

Dann ahmte er die Mundbewegungen der Fische im Aquarium nach. –

Himmelbett, Spülklosett, Badewanne, Herd und Pfanne, Kuckucksuhr, Whisky pur, Protzvitrine, Glotzmaschine.

Das war der Ernst des Lebens.

Das Ernste am Ernst des Lebens war, daß man gar nicht merkte, wie ernst das Leben war. Denn obwohl die Wohnung recht klein war, ging immer noch mehr hinein: *Polsterbank, Wäscheschrank, Teppichkehrer, Rauchverzehrer.* – Je mehr jedoch in die Wohnung hineingehen mußte, desto seltener sahen sie sich. Und je seltener sie sich sahen, desto mehr brauchten sie, das in die Wohnung hineingehen mußte: *Rundumleuchter, Raumbefeuchter, Blumenständer, Freudenspender.* – So konnte es geschehen, daß eines Tages die Frau, während sie soeben den

Freudenspender putzte, auf einmal ihren Mann nicht mehr fand. Nicht einmal vor der Glotzmaschine, ja, selbst nicht hinterm Whisky pur, wohin er sich sonst immer zurückzuziehen pflegte.

Da nahm sie alles, was sie hatten und schlug es kurz und klein:

Freudenspender, Blumenständer, Raumbefeuchter, Rundumleuchter, Rauchverzehrer, Teppichkehrer, Wäscheschrank, Polsterbank, Glotzmaschine, Protzvitrine, Whisky pur, Kuckucksuhr, Herd und Pfanne, Badewanne, Spülklosett, Himmelbett.

»Das brauchen wir nicht!« rief sie.

Unter dem Himmelbett lag ihr Mann.

»Bist Du es?« fragten sie einander.

Dann heirateten sie noch einmal von vorn.

Die Hochzeit ging so vor sich, daß sie einen Kirschbaum bestiegen. Der Kirschbaum war in voller Blüte, so daß sie sofort unter Blüten verschwanden und keiner mehr sagen konnte, was sie da oben eigentlich trieben. Nur so viel, daß der Kirschbaum mehrmals kichernd auf und nieder wankte. –

Ich selbst habe darunter gestanden und war ganz von Blüten beschneit.

Inhalt

Erste Auflage dieser Ausgabe Insel Verlag Berlin 2017. © Insel Verlag Frankfurt am Main und Leipzig 2002. Bezugspapier: Spritz-Tunkpapier von Gisela Reschke, Hamburg. Gesetzt in der Schrift Sabon von Satz-Offizin Hümmer GmbH, Waldbüttelbrunn. Gedruckt auf holzfreies, alterungsbeständiges Werkdruckpapier der Firma Cordier, Bad Dürkheim, vom Druckhaus Nomos, Sinzheim. Gebunden in Fadenheftung von der Großbuchbinderei Spinner GmbH, Ottersweier.

Printed in Germany. ISBN 978-3-458-17711-1